CIUDAD CAPITAL

Una desaparición misteriosa

Guion

Miguel Campión

Ilustraciones

André Caliman

André Caliman dedica esta obra a los amigos que le recibieron en casa durante el proceso de producción.

Fernando Ramos desea dar las gracias a Rocío Blasco, Javier Díaz y Belén Hernández por su generosa y valiosa ayuda.

ISBN: 978-84-949475-6-8
Depósito legal: M-270-2022
Impreso en España
Printed in Spain

Ilustración de portada: André Caliman
Diseño gráfico y maquetación: David Márquez y André Caliman
Edición: Carlos Oliva y Fernando Ramos
Coordinación editorial: Fernando Ramos
Impresión: Gráficas Glodami. Coslada (Madrid). 2022

Distribuido por:
Editorial Edinumen
C/ José Celestino Mutis, 4. 28028 Madrid
Teléfono: +34 91 308 5142
e-mail: edinumen@edinumen.es
www.edinumen.es

Cómics para aprender español es una serie de atractivos cómics graduados por niveles y diseñados específicamente para el estudiante de español.

En ***Una desaparición misteriosa*** el lector encontrará una atractiva historia de nivel A1 en formato cómic, además de:

- Una serie de actividades antes, durante y después de la lectura.
- Un glosario español/inglés/francés con las palabras y expresiones más difíciles para el estudiante. Dichas palabras aparecen marcadas en gris a lo largo de la historia.
- Un solucionario de las actividades propuestas.

¿Por qué cómics?

Los cómics pueden ser una herramienta pedagógica muy valiosa en el proceso de enseñanza/aprendizaje de idiomas. Su particular formato ofrece grandes ventajas a los alumnos de lenguas extranjeras. Entre ellas:

- Es una forma excelente de presentar textos narrativos, ya que las imágenes refuerzan y facilitan la comprensión de los mismos.
- Favorecen la presentación y aprendizaje de vocabulario. La memoria de la información lingüística aumenta si hay algún elemento visual relevante.
- Sumergen al estudiante en un contexto comunicativo real, ofreciéndole mucha información pragmática.
- Propician que los alumnos procesen la información recibida en una lengua extranjera con un menor desgaste cognitivo, por lo que el riesgo de que se acaben aburriendo disminuye.
- Las imágenes de los cómics atraen el interés de los estudiantes y les animan a seguir leyendo. En una sociedad cada vez más visual, la imagen se ha convertido en un sistema válido de comunicación y aprendizaje, sistema con el que los jóvenes se sienten muy cómodos.
- Ayudan los alumnos a adquirir el hábito lector, al tiempo que incrementan sus habilidades en este campo.
- Permiten el desarrollo del pensamiento interpretativo ya que la mente del lector es la que cierra la acción entre viñeta y viñeta.
- Fomentan la motivación de los estudiantes, lo cual repercute muy positivamente en el aprendizaje. Cuando un alumno se divierte, es cuando más aprende.

Por todo ello, nos encontramos ante un material muy recomendable tanto para la lectura individual como para el trabajo en el aula.

Una desaparición misteriosa cuenta la historia de Isabel Muñoz y Carlos Morales, dos detectives que no se conocen, pero tienen la misión de resolver un caso juntos: la misteriosa desaparición de un joven dentro de su apartamento. No es un trabajo fácil y los dos detectives tienen formas de trabajar diferentes y personalidades incompatibles. ¿Podrán resolver con éxito su primer caso?

1. Isabel y Carlos son los protagonistas de esta historia. Su personalidad se describe con los adjetivos que tienes a continuación. ¿Cuáles crees que corresponden a Isabel y cuáles a Carlos? Alguno puede corresponder a los dos.

trabajador | inteligente | serio | antipático | desordenada | ruidosa | loca

2. La historia empieza con un crimen en un apartamento. Mira el dibujo y escribe los nombres de las diferentes partes del apartamento.

puerta | ventana | escalera | dormitorio | cocina | salón | cuarto de baño

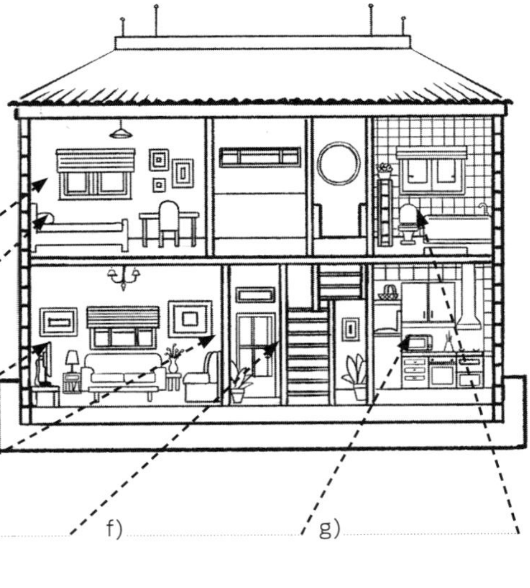

a) ....

b) ....

c) ....

d) .... e) .... f) .... g) ....

COMISARÍA CENTRAL
Ciudad Capital
¡BUENOS DÍAS! BIENVENIDA A LA COMISARÍA, DETECTIVE MUÑOZ.
MUCHAS GRACIAS, SEÑOR.
VAMOS A SU DESPACHO.
¿DÓNDE ESTÁ MI COMPAÑERO?
CARLOS ESTÁ EN EL DESPACHO. ES MUY TRABAJADOR.
DETECTIVE MORALES, LE PRESENTO A LA DETECTIVE MUÑOZ.

¿DETECTIVE MORALES?
¡ES INCREÍBLE! ¡ESTÁ DORMIDO!
NO ESTOY DORMIDO. UN MOMENTO, POR FAVOR...
ME GUSTA MEDITAR. CUANDO MEDITO, TENGO BUENAS IDEAS.

SOY ISABEL, ENCANTADA.
CARLOS MORALES, MUCHO GUSTO.
POR FIN CONOZCO A CARLOS MORALES. ¿SABES QUE ERES FAMOSO? TODOS LOS POLICÍAS DE CIUDAD CAPITAL HABLAN DE TI.
¿AH, SÍ? ¿QUÉ DICEN?
QUE ERES MUY INTELIGENTE, PERO DEMASIADO SERIO. Y UN POCO ANTIPÁTICO.
TÚ TAMBIÉN ERES FAMOSA. DICEN QUE ERES DESORDENADA Y RUIDOSA. Y QUE ESTÁS LOCA.
SÍ, SOMOS MUY DIFERENTES.
PERO TIENEN ALGO EN COMÚN, DETECTIVES: SU PRIMER CASO.
ES MUY LARGO. ¿PUEDE HACER UN RESUMEN?
ALBERTO FLORES, 31 AÑOS. DESAPARECIDO. ENTRA EN SU APARTAMENTO EL LUNES POR LA TARDE Y NUNCA SALE. ESTE ES UN MISTERIO PERFECTO PARA LOS DETECTIVES MÁS INTELIGENTES DE CIUDAD CAPITAL. ¡BUENA SUERTE!

SI QUIERES, LEES EL INFORME MIENTRAS VAMOS AL APARTAMENTO.
VALE... SI TÚ CONDUCES.
ESTUPENDO. LEER INFORMES ES MUY ABURRIDO. ¡Y YO SIEMPRE CONDUZCO!
BUENO, COMPAÑERO. ¿QUÉ SABEMOS DEL CHICO DESAPARECIDO?
Alberto Flores
ALBERTO FLORES FERNÁNDEZ. TREINTA Y UN AÑOS. ES DE CIUDAD CAPITAL. ES CAMARERO, PERO ACTUALMENTE NO TRABAJA.

¿ALGÚN PROBLEMA CON LA POLICÍA?
NO, NO HAY NADA EN SU HISTORIAL...
¡EH, CUIDADO!
PERO ¿QUÉ HACES? ¡CUIDADO CON ESA SEÑORA!
TRANQUILO. CONDUZCO MUY BIEN. NO HAY PROBLEMA.
ENTONCES, ALBERTO ENTRA EN CASA EL LUNES Y NO SALE.
SÍ, LA CASA TIENE CÁMARAS EN TODOS LOS PASILLOS Y ESCALERAS. EN LOS VÍDEOS SE PUEDE VER QUE NADIE ENTRA NI SALE. Y DENTRO DEL APARTAMENTO TODO PARECE NORMAL.
¡YA ESTAMOS AQUÍ!
¡Y ESTAMOS VIVOS!
¡QUÉ GRACIOSO! ¡VAMOS!

BUENOS DÍAS. USTEDES SON LOS DETECTIVES, ¿VERDAD? YO SOY LA PORTERA DEL EDIFICIO.
BUENOS DÍAS.
BUENOS DÍAS. ¿PODEMOS VER EL APARTAMENTO?
CLARO... TENGO LAS LLAVES.
ESTE ES UN EDIFICIO MUY TRANQUILO. LA GENTE QUE VIVE AQUÍ ES NORMAL. GENTE TRABAJADORA Y SERIA. NUNCA TENEMOS PROBLEMAS. ES MUY RARO: ¡UN CHICO QUE ENTRA EN SU CASA Y NUNCA MÁS SALE!
¿VEN? NO SE OYE NADA. UN EDIFICIO NORMAL, NUNCA TENEMOS PROBLEMAS... SOLO ESTA...
...DESAPARICIÓN MISTERIOSA.
ESTE ES...
...EL APARTAMENTO DE ALBERTO.

UN DORMITORIO, COCINA, SALÓN-COMEDOR, UN CUARTO DE BAÑO. VENTANAS A LA CALLE, LUMINOSO, CON CALEFACCIÓN, AIRE ACONDICIONADO, TECHOS ALTOS Y SUELOS DE MADERA. ¡PERFECTO PARA UN SOLTERO!
¿VE ALGO DIFERENTE?
NO, TODO ESTÁ EN SU SITIO.
¿ALBERTO TIENE VISITAS EN CASA?
A VECES VIENE SU HERMANO. Y TAMBIÉN UNA CHICA, NO SÉ SI ES SU NOVIA.
¿TIENE SUS NÚMEROS DE TELÉFONO?
TENGO EL TELÉFONO DE SU HERMANO. PERO NO SÉ NADA DE LA CHICA.
¿PUEDE DESCRIBIR A LA CHICA?

ES UNA CHICA DE UNOS VEINTICINCO AÑOS, RUBIA, NO MUY ALTA, DELGADA...
¿QUÉ MÁS? AH, SÍ... TIENE EL PELO LARGO Y RIZADO. Y LLEVA GAFAS.
¿USTED SABE POR QUÉ TIENE ALBERTO ESTOS PRISMÁTICOS?
NO SÉ.
¿PARA MIRAR POR LA VENTANA?
¿PARA VER A LA GENTE QUE PASA POR LA CALLE?
NO LO SÉ. ¿QUÉ CREE USTED?
¿PARA VER PÁJAROS EN EL PARQUE?
PORQUE NO CREO...

¿PARA ESPIAR A LOS VECINOS?
YO SOLO QUIERO SABER LA SOLUCIÓN DE ESTE MISTERIO. ALBERTO ES UN BUEN CHICO.
¿TIENE USTED EL TELÉFONO DEL HERMANO DE ALBERTO, POR FAVOR?
CLARO. TAMBIÉN TENGO LA DIRECCIÓN DE SU TRABAJO.
¿QUÉ HACE? ¡PUEDE CAERSE!

¡ESTÁS LOCA! ¿QUIERES MORIR?
QUIERO VER SI SE PUEDE SALIR DEL APARTAMENTO POR LA VENTANA...
¡!
PERO CREO QUE NO.
ES IMPOSIBLE.
65
¡HASTA LUEGO, SEÑORA!
¿QUÉ PIENSAS DE LOS PRISMÁTICOS?
NO SÉ, PERO NO ES NORMAL TENER UNOS PRISMÁTICOS CERCA DE LA VENTANA, ¿NO CREES?

¿HABLAMOS CON EL HERMANO DE ALBERTO? TENGO LA DIRECCIÓN DE SU TRABAJO. ES MECÁNICO.
SÍ, PERO ANTES NECESITO UN CAFÉ. ¡YO INVITO!
DESPUÉS DE VER EL APARTAMENTO, ESTÁ CLARO. EL DÍA DE SU DESAPARICIÓN, ALBERTO SALE POR LA PUERTA O POR LA VENTANA. PERO ES IMPOSIBLE CAMINAR POR FUERA. ES DEMASIADO ESTRECHO.
ENTONCES, ¿POR DÓNDE SALE ALBERTO?
CAFÉ CON LECHE PARA EL SEÑOR. CAFÉ SOLO PARA LA SEÑORA.
¿SEÑORA? ¡QUE NO SOY UNA VIEJA!
PERDÓN, SEÑORITA.
NO SÉ, PERO ME ENCANTA ESTE MISTERIO. ¡Y QUIERO ENCONTRAR LA SOLUCIÓN!
¡VAMOS!

TALLER
¡BUENOS DÍAS!
¿ALGÚN PROBLEMA
CON EL COCHE?
BUENOS DÍAS. NO,
EL COCHE ESTÁ
PERFECTO.
¿DAVID
FLORES?
SÍ, SOY
YO.
QUEREMOS HABLAR
CON USTED. SOMOS
DETECTIVES.
INVESTIGAMOS LA
DESAPARICIÓN DE
SU HERMANO
ALBERTO.
MUY BIEN,
PERO... NO SÉ
NADA SOBRE LA
DESAPARICIÓN.

¿CUÁNDO ES LA ÚLTIMA VEZ QUE USTED VE A SU HERMANO?
DOS DÍAS ANTES DE SU DESAPARICIÓN, COMEMOS JUNTOS...
¿Y VE ALGO RARO O DIFERENTE EN SU HERMANO?
NO, TODO NORMAL. BUENO, ALBERTO DICE QUE BUSCA TRABAJO, PERO NADA MÁS.
¿QUÉ LE PASA EN LA MANO?
¿MI MANO? UN ACCIDENTE. AQUÍ, EN EL TRABAJO.
¿SABE USTED QUÉ HACE SU HERMANO HABITUALMENTE?
MI HERMANO ES MUY NORMAL. NO HACE NADA ESPECIAL.
TODA LA INFORMACIÓN ES ÚTIL PARA NOSOTROS.

"ALBERTO ES UN CHICO MUY DEPORTISTA. TODOS LOS DÍAS SE LEVANTA PRONTO Y VA A CORRER AL PARQUE".
"DESPUÉS DESAYUNA: FRUTA, CEREALES, JAMÓN…"
"POR LAS MAÑANAS, SE QUEDA EN CASA. LEE EL CORREO ELECTRÓNICO, JUEGA CON EL ORDENADOR…"
"…O HACE LA COMPRA…"
"…LIMPIA LA CASA…"
"…COCINA…"
"POR LAS TARDES, VA AL GIMNASIO".
"Y DESPUÉS, SALE CON SUS AMIGOS".

"TODO ESO ES CUANDO NO TRABAJA. PORQUE NORMALMENTE ES CAMARERO EN BARES O DISCOTECAS".
¿SU HERMANO TIENE NOVIA?
CREO QUE ANTES SÍ, PERO AHORA NO.
¿CONOCE USTED A ESA CHICA?
NO MUCHO. SÉ QUE SE LLAMA ALICIA.
¿NO TIENE ALGÚN DATO DE CONTACTO?
NO, PERO PUEDO BUSCAR A ESA CHICA EN INTERNET. LAS REDES SOCIALES, YA SABEN.
¡AQUÍ ESTÁ! SE LLAMA ALICIA AYALA.
Alicia Ayala
MUCHAS GRACIAS POR LA INFORMACIÓN.
DE NADA. POR FAVOR, SI SABEN ALGO DE MI HERMANO...
TRANQUILO. SI SABEMOS ALGO, HABLAMOS CON USTED.
¡Y CUIDADO CON ESA MANO!

EL HERMANO NO DICE TODO LO QUE SABE.
SÍ, YO TAMBIÉN PIENSO ESO.
BUENO. ¿ADÓNDE VAMOS AHORA?
A LA COMISARÍA. QUIERO INVESTIGAR A LA EXNOVIA. Y VER LOS VÍDEOS DE LAS CÁMARAS DE SEGURIDAD.
BIEN, VAMOS.
¿QUÉ HACES? ¡NO TENEMOS PRISA!
COMISARÍA CENTRA
Ciudad Capital
¡CONDUCES COMO UNA LOCA! LA PRÓXIMA VEZ CONDUZCO YO.
IMPOSIBLE. YO NUNCA VOY EN UN COCHE DONDE NO CONDUZCO.

¿POR QUÉ NO SALES DEL COCHE?
VER VÍDEOS ES MUY ABURRIDO. Y, ADEMÁS, SON LAS DOCE Y ESA ES MI HORA DE HACER DEPORTE.
¡HASTA LUEGO!
¡ESTA MUJER ESTÁ LOCA!
ALBERTO LLEGA A CASA A LAS SIETE DE LA TARDE.
ENTRA EN SU APARTAMENTO.
Y DESPUÉS...
¿NADA MÁS?
¿DÓNDE ESTÁS, ALBERTO?

GIMNASIO
¿CONOCES A ALBERTO?
SÍ, SOMOS AMIGOS.
¿SÍ? YO TAMBIÉN. PERO HACE TIEMPO QUE NO VEO A ALBERTO POR AQUÍ.
ES VERDAD. YO TAMPOCO. QUÉ RARO...
SÍ, NORMALMENTE VIENE AL GIMNASIO TODOS LOS DÍAS.

SUPONGO QUE ESTÁ DE VIAJE.
CLARO... A VECES VIAJA...
SÍ, A LAS MONTAÑAS.
O QUIZÁ TIENE UNA NUEVA NOVIA...
¿OTRA?
YA SABES CÓMO ES...
¡CLARO!
LE GUSTAN MUCHO LAS CHICAS... ESPECIALMENTE SI TIENEN DINERO.
¡ES VERDAD!
ALICIA, LA EXNOVIA DE ALBERTO ES EMPRESARIA. TIENE UNA EMPRESA DE MODA. Y PARECE QUE GANA MUCHO DINERO. ¿CUÁL ES LA DIRECCIÓN DE SU EMPRESA?

AVENIDA DE LA INDEPENDENCIA, 136.
¿QUÉ?
LA DIRECCIÓN DE LA EMPRESA DE LA NOVIA.
PERO ¿CÓMO SABES...?
¿VAMOS?
¿AHORA? ES LA HORA DE COMER. SEGURO QUE ALICIA NO ESTÁ EN SU OFICINA.
CONOZCO UN RESTAURANTE MUY BUENO CERCA DE ALLÍ. ¡TENGO HAMBRE!
VALE, PERO VAMOS ANDANDO. NO ESTAMOS LEJOS.

ME ENCANTA ESTA CIUDAD. ES MUY DIVERTIDA. TIENE MUCHOS BARES, RESTAURANTES, TIENDAS...
HOTEL
SÍ, DEMASIADOS. Y DEMASIADO RUIDO, TRÁFICO...
¡ERES UN ABURRIDO, CARLOS!
NO SOY ABURRIDO. PREFIERO LOS LUGARES TRANQUILOS. EL CAMPO, LAS MONTAÑAS...
A ALBERTO TAMBIÉN LE GUSTA IR A LAS MONTAÑAS.
¿CÓMO SABES ESO?
YO TENGO MIS TÉCNICAS DE DETECTIVE...

DEBEMOS COMPARTIR TODA LA INFORMACIÓN. NO PUEDES...
¡EH, CUIDADO! ¿QUÉ HACES?
¿QUÉ HAGO? ¿QUÉ HACES TÚ?
¿QUÉ CREES QUE HAGO?
TENEMOS A UN DETENIDO. ¿PUEDEN ENVIAR UN COCHE?
BUENO, ¿ME DICES CÓMO SABES LA DIRECCIÓN DE LA NOVIA DE ALBERTO?
MUY FÁCIL: HABLANDO CON LA GENTE QUE CONOCE A ALBERTO EN SU GIMNASIO.

INTERESANTE... ¿QUÉ MÁS SABES?
QUE LE GUSTAN LAS MUJERES CON DINERO.
¿QUIEREN POSTRE?
NO, GRACIAS.
¡CLARO QUE SÍ! PARA MÍ, TARTA DE CHOCOLATE.
¿QUÉ MIRAS? ¡TENGO HAMBRE! YA SABES, POR IR AL GIMNASIO...
YO NUNCA VOY AL GIMNASIO.
YA, YA VEO... PUES TE RECOMIENDO IR. YA NO ERES JOVEN...

PUES SÍ... ES VERDAD QUE A ALBERTO LE GUSTAN LAS MUJERES RICAS.
ESTA OFICINA ES PRECIOSA...
AYALA
¡MUCHAS GRACIAS! SOY ALICIA AYALA.
ENCANTADO, CARLOS MORALES, DETECTIVE. ISABEL MUÑOZ, MI COMPAÑERA.
¿EN QUÉ PUEDO AYUDAR?
QUEREMOS HABLAR CON USTED SOBRE ALBERTO FLORES.
¿QUÉ PASA? ¿TIENE PROBLEMAS?
¿NO LO SABE? ESTÁ DESAPARECIDO.
¿CÓMO?

SI PODEMOS HABLAR EN UN LUGAR MÁS TRANQUILO...
CLARO, CLARO, SÍ... POR AQUÍ, POR FAVOR.
...Y ESO ES TODO LO QUE SABEMOS.
¡ESTOY MUY SORPRENDIDA!
QUIZÁ USTED PUEDE AYUDAR A LA INVESTIGACIÓN.
¿USTED TIENE ALGUNA INFORMACIÓN INTERESANTE SOBRE ALBERTO?
BUENO, COMO SABEN USTEDES, SALIMOS JUNTOS. PERO DESPUÉS DE UN AÑO, YO DECIDO TERMINAR.
¿POR QUÉ?
SOMOS MUY DIFERENTES. QUEREMOS COSAS DIFERENTES.
¿SÍ? ¿QUÉ QUIERE ALBERTO?

NO SÉ... YA SABEN QUE NO TIENE TRABAJO; PERO TIENE DINERO.
SÍ... ¿USTED SABE CÓMO CONSIGUE EL DINERO PARA VIVIR?
ES UNA BUENA PREGUNTA. NO LO SÉ. ESA ES MI RAZÓN PARA NO SALIR CON ALBERTO.
¿ESA ES LA RAZÓN?
SÍ... ALBERTO TIENE UN SECRETO. NO SÉ CUÁL ES, PERO NO QUIERO UN NOVIO CON SECRETOS.
¿POR QUÉ DICE ESO? ¿NO NOS PUEDE DECIR ALGO MÁS?
LO SIENTO, PERO NO TENGO MÁS INFORMACIÓN.
MUCHAS GRACIAS POR SU AYUDA. SI QUIERE DECLARAR ALGO MÁS SOBRE ALBERTO, PUEDE LLAMAR A ESTE NÚMERO.
GRACIAS A USTEDES.
¡ES UN CASO MUY EXTRAÑO! PRIMERO, LA DESAPARICIÓN. DESPUÉS, NOS DICEN QUE ALBERTO TIENE SECRETOS.
Flores
Alicia Ayala
SI DESCUBRIMOS ESOS SECRETOS, RESOLVEMOS EL CASO.
Alberto Flores

¿SEGURO QUE LAS CÁMARAS ESTÁN BIEN?
SÍ, LOS VÍDEOS SON MUY CLAROS. ALBERTO ENTRA PERO NO SALE.
¡NO ES POSIBLE!
ES POSIBLE. PERO NO SABEMOS CÓMO.
¡Y AHORA EL CASO SE COMPLICA MÁS!
¿QUÉ PASA?
¡OTRO CASO COMO EL DE ALBERTO, EN EL MISMO BARRIO!
PERO ESTA VEZ HAY UN CUERPO. UNA CHICA.
SI HAY UN CUERPO, NO ES COMO EL CASO DE ALBERTO.
SÍ, PORQUE EL CUERPO ESTÁ EN UN APARTAMENTO CERRADO. Y PARECE QUE NADIE ENTRA NI SALE DEL APARTAMENTO.
PUEDE SER EL MISMO CRIMINAL.
¡VAMOS AHORA MISMO!

TIENE UNA CUERDA EN EL CUELLO. ESA PARECE SER LA CAUSA DE LA MUERTE. PERO CLARO, NECESITAMOS LA AUTOPSIA PARA SABERLO.
GRACIAS POR LA INFORMACIÓN.
TODO PARECE EN ORDEN.
NO VEO NADA EXTRAÑO.

LA VENTANA ESTÁ CERRADA.
SÍ, Y DICEN QUE LA PUERTA TAMBIÉN.
NO HAY ESPACIO PARA CAMINAR POR AHÍ. ¡ES DEMASIADO ESTRECHO!
SÍ, NADIE PUEDE SALIR POR AQUÍ.
¿CREES QUE ESTE CASO ESTÁ RELACIONADO CON EL CASO DE ALBERTO?
PUEDE SER. QUIEN ASESINA A ESTA CHICA Y QUIEN HACE DESAPARECER A ALBERTO... QUIZÁ ES LA MISMA PERSONA. ¿TÚ QUÉ PIENSAS?
PIENSO QUE HAY UN ASESINO MUY PELIGROSO EN CIUDAD CAPITAL. Y TENEMOS QUE PARARLO.

¡ES INCREÍBLE! NADIE ENTRA NI SALE POR LA PUERTA.
IGUAL QUE ALBERTO.
ESTÁ CLARO QUE EL ASESINO ENTRA Y SALE POR LA VENTANA. PERO ¿CÓMO?
¿Y POR QUÉ EN EL CASO DE ALBERTO NO HAY UN CUERPO Y EN EL DE ESTA CHICA SÍ?
Mercedes Valero
ESTO ES LO QUE SABEMOS: LA CHICA SE LLAMA MERCEDES VALERO. ES ABOGADA. TIENE VEINTINUEVE AÑOS. ESTÁ SOLTERA. VIVE SOLA.
"EL LUNES POR LA TARDE MERCEDES SE DESPIDE DE SUS COMPAÑEROS DE LA OFICINA".
"ESA NOCHE TOMA UN VUELO PORQUE EL MARTES TIENE UNA REUNIÓN".

"PERO NO TOMA ESE VUELO. POR ALGUNA RAZÓN, SE QUEDA EN CASA".
"ALGUIEN ENTRA EN SU CASA, PENSANDO QUE MERCEDES NO ESTÁ".
"PERO MERCEDES ESTÁ EN CASA. SE DESPIERTA Y ENCUENTRA AL INTRUSO".
"Y EL INTRUSO SE CONVIERTE EN ASESINO".

LA AUTOPSIA DICE QUE MUERE EL LUNES A LAS TRES DE LA MAÑANA, APROXIMADAMENTE.
ES LA MISMA NOCHE QUE DESAPARECE ALBERTO. EL MISMO BARRIO. EL MISMO MISTERIO DE LAS PUERTAS Y LAS VENTANAS.
PERO ¿POR QUÉ ENCONTRAMOS EL CUERPO DE MERCEDES Y NO ENCONTRAMOS EL CUERPO DE ALBERTO?
QUIZÁ EL ASESINO NO TIENE TIEMPO. ESCUCHA ALGO EN CASA DE MERCEDES Y SALE RÁPIDAMENTE. POR ESO ESTÁ EL CUERPO.
VALE, PERO... ¿CÓMO PUEDE SALIR DE CASA DE ALBERTO, CON SU CUERPO... POR LA VENTANA?
NO LO SÉ, PERO EN EL CASO DE MERCEDES, ALGO PASA Y NO PUEDE LLEVARSE EL CUERPO.

NECESITAMOS ENCONTRAR LA INFORMACIÓN QUE CONECTA LOS DOS CASOS...
ANTES DE QUE EL ASESINO...
NO PODEMOS PERMITIR OTRO CRIMEN.
¡EH! ¿QUÉ HACES?
¡NO TENEMOS TIEMPO! ¡TÚ BUSCAS INFORMACIÓN SOBRE MERCEDES Y YO SIGO INVESTIGANDO A ALBERTO! ¡HABLAMOS!
¡ESPERA! ¿NO SOMOS UN EQUIPO?
(...) PARECE QUE NO...
¡CAMARERO!

¿HOY NO ESTÁ TU COMPAÑERO?
¿QUIÉN?
ALBERTO.
YA NO TRABAJA AQUÍ.
¿NO? HACE TIEMPO QUE NO VENGO.
¿POR QUÉ YA NO TRABAJA AQUÍ? ¿ALGÚN PROBLEMA?
NO, SIMPLEMENTE NO LO NECESITA.
¿NO NECESITA TRABAJAR?
ESO DICE.

¿SABEN SI MERCEDES TIENE ALGÚN ENEMIGO?
NO, ES MUY BUENA PERSONA, SIEMPRE ALEGRE Y SIMPÁTICA.
NO LO ENTIENDO. ¿QUIÉN PUEDE HACER ALGO ASÍ A MERCEDES?
QUIZÁ UN CLIENTE ENFADADO...
NO CREO. NOSOTROS NO TENEMOS CLIENTES PELIGROSOS.
SOLO TRABAJAMOS CON EMPRESAS PEQUEÑAS. TODO ES SENCILLO, NADA COMPLICADO O CONFLICTIVO.
¿Y NO PUEDE SER ALGO PERSONAL? ¿QUÉ SABEN DE LA VIDA PRIVADA DE MERCEDES?
TOTALMENTE NORMAL: SU TRABAJO, SU FAMILIA, SUS AMIGOS... NADA RARO O FUERA DE LO COMÚN.
¿ALGÚN NOVIO?
NO. SIEMPRE DICE QUE NO TIENE TIEMPO PARA ESO.

¡ALTO!
¡POLICÍA!
¡!

¡ESTO ES INCREÍBLE!
TRANQUILO, HOMBRE.
¡NO! ¡ES RIDÍCULO! SI SOMOS COMPAÑEROS, TENEMOS QUE INVESTIGAR JUNTOS.
YO TENGO MIS MÉTODOS, CARLOS. Y NO QUIERO CAMBIAR.
QUIZÁ DEBES CAMBIAR.
¿TÚ QUIERES CAMBIAR TU FORMA DE INVESTIGAR?
¡NO LO NECESITO! YO SIGO LAS REGLAS.
Y YO ENCUENTRO SOLUCIONES. VAMOS, TE INVITO A TOMAR ALGO.
NO, GRACIAS. NOS VEMOS MAÑANA EN LA OFICINA.

¡VAMOS,
VAMOS!

¡NO!
GAME OVER
Lo siento. Prometo ser una buena compañera mañana.
R
ISARÍA CE
Ciudad Capital
BUENOS DÍAS.

BUENOS DÍAS. ¡QUÉ TEMPRANO TE LEVANTAS!
SOLO CUANDO ESTOY PENSANDO EN UN CASO.
ALBERTO Y MERCEDES... ¿QUÉ TIENEN EN COMÚN?
EL BARRIO. LAS PUERTAS CERRADAS. SER VÍCTIMAS DE UN CRIMINAL...
Mercedes Valero
¿Y QUÉ ES DIFERENTE EN LOS DOS CASOS?
MERCEDES ESTÁ MUERTA. ALBERTO, DESAPARECIDO.

ES MUY EXTRAÑO. ¿Y SI NO ES EL MISMO CRIMINAL? ¿Y SI LA PUERTA CERRADA SOLO ES UNA COINCIDENCIA?
TODO ES POSIBLE.
NO SÉ SI ESTOS CASOS ESTÁN CONECTADOS O NO.
TENEMOS QUE INVESTIGAR LOS DOS Y VER SI ENCONTRAMOS ALGO EN COMÚN.
¿QUÉ HACEMOS HOY?
REVISAR TODOS LOS DATOS SOBRE LA VIDA DE ALBERTO Y MERCEDES. SUS DIRECCIONES, ESTUDIOS, TRABAJOS, TODO SU PASADO. NECESITAMOS MÁS INFORMACIÓN.
ALBERTO CAMBIA DE DIRECCIÓN CON MUCHA FRECUENCIA.
ES NORMAL EN ESTA CIUDAD. YO TAMBIÉN. LOS PISOS ESTÁN MUY CAROS.
SÍ, PERO DEBEMOS INVESTIGAR SUS ANTIGUAS DIRECCIONES.
CLARO... Y HABLAR CON LOS VECINOS.

LA FAMILIA DE MERCEDES ES RICA. SON DUEÑOS DE VARIOS HOTELES EN CIUDAD CAPITAL.
TENEMOS QUE HABLAR CON ELLOS.
¿Y SI ALBERTO Y MERCEDES SE CONOCEN?
PUEDE SER. PERO NO TENEMOS EVIDENCIAS.
A ALBERTO LE GUSTAN LAS CHICAS CON DINERO.
ESO NO DEMUESTRA NADA.
¡HAY NOVEDADES EN EL CASO DE MERCEDES! LA FAMILIA DICE QUE MERCEDES TIENE EN CASA UNA JOYA MUY VALIOSA... PERO YA NO ESTÁ ALLÍ.
ESO PUEDE SER EL MOTIVO DEL CRIMEN.
VAMOS A HABLAR CON LA FAMILIA DE MERCEDES.

SÍ QUE SON RICOS, SÍ... UNA URBANIZACIÓN PRIVADA CON SEGURIDAD.
MUCHAS GRACIAS. PUEDEN PASAR. LOS SEÑORES VALERO LES ESPERAN.
Urbanización El Bosque

PUEDEN SENTARSE. LOS SEÑORES VIENEN EN UN MOMENTO. ¿QUIEREN TOMAR ALGO?

UN TÉ CON LIMÓN, POR FAVOR.
UNA COPA DE CHAMPÁN FRANCÉS.
¿POR QUÉ PIDES CHAMPÁN? ¡ESTÁS LOCA!
EL CHAMPÁN BUENO ES MUY CARO. ESTA FAMILIA TIENE MUCHO DINERO. ES UNA BUENA OPORTUNIDAD PARA BEBER UN BUEN CHAMPÁN.
BIENVENIDOS.
MUCHAS GRACIAS. PUEDE DEJAR LA BOTELLA.
MUCHAS GRACIAS POR VENIR.
DE NADA. ES NUESTRA OBLIGACIÓN.
¿TIENEN ALGUNA PISTA PARA ENCONTRAR AL ASESINO DE MI HIJA?

DE MOMENTO TRABAJAMOS CON TODAS LAS OPCIONES.
TODA LA INFORMACIÓN QUE ENCONTRAMOS PUEDE SER IMPORTANTE.
LES LLAMAMOS PORQUE MERCEDES TIENE EN CASA UN COLLAR, HERENCIA DE SU ABUELA.
ES UN COLLAR ÚNICO, CON PERLAS Y ESMERALDAS. SABEMOS DÓNDE LO GUARDA, PERO MIRAMOS EN SU CASA Y... ¡NO ESTÁ!
ES UN COLLAR MUY CARO, PERO MERCEDES LO TIENE EN CASA POR SU VALOR SENTIMENTAL.
Y ESO NO ME GUSTA, PORQUE ES PELIGROSO, PERO MERCEDES NO ME ESCUCHA. Y AHORA...
LO SIENTO MUCHO.
¿TIENEN UNA FOTO DEL COLLAR?
ES PRECIOSO... ¿SEGURO QUE NO ESTÁ EN CASA DE MERCEDES?

"SEGURO. LO GUARDA EN UNA CAJA FUERTE. MIRAMOS Y NO ESTÁ ALLÍ".
MUCHAS GRACIAS POR ESTA INFORMACIÓN.
POR FAVOR, SI PUEDEN ENCONTRAR AL ASESINO...
VAMOS A HACER TODO LO POSIBLE, SEÑORA.
ESTAMOS EN CONTACTO SI HAY ALGUNA NOVEDAD.
¡Y GRACIAS POR EL CHAMPÁN! ¡ESTÁ BUENÍSIMO!
¿QUÉ HACES? ¡NO PUEDES CONDUCIR!
¿POR QUÉ NO?
¡EL CHAMPÁN!
YA, PERO SOMOS POLICÍAS, NO HAY PROBLEMA.

JUSTO POR ESO, PORQUE SOMOS POLICÍAS. ¡YO CONDUZCO!
¡NO ME GUSTA SENTARME AQUÍ!
MALA SUERTE... VAMOS AL APARTAMENTO DE MERCEDES.
¿EL ASESINO SABE LA COMBINACIÓN DE LA CAJA FUERTE?
"O QUIZÁ MERCEDES LA ABRE..."
"...OBLIGADA POR EL CRIMINAL..."
"...Y ÉL LA ASESINA PARA NO DEJAR TESTIGOS...".

LLAMAN A LA PUERTA. ¡VAMOS!
HOLA... ¿ESTÁ MERCEDES?
NO, NO ESTÁ. ¿QUIÉN ES USTED?
SOY SU PROFESORA DE CHINO. HOY TENEMOS CLASE.

¡ES HORRIBLE!
LO SÉ. LO SIENTO MUCHO.
¿USTED CONOCE BIEN A MERCEDES? ¿TIENE ALGUNA INFORMACIÓN PARA AYUDAR A RESOLVER EL CASO?
NO, LO SIENTO. SOLO SOY SU PROFESORA. VENGO A SU CASA DOS VECES A LA SEMANA, PERO NO SOMOS AMIGAS ÍNTIMAS.
¿DE QUÉ HABLAN EN LAS CLASES?
DE COSAS SENCILLAS. MERCEDES NO SABE MUCHO CHINO, ESTÁ EN EL NIVEL BÁSICO.
POR FAVOR, TODO PUEDE AYUDAR...
SOLO PUEDO HABLAR DE SU RUTINA DIARIA. QUÉ HACE MERCEDES EN UN DÍA NORMAL.

"TODOS LOS DÍAS SE LEVANTA A LAS SEIS DE LA MAÑANA".
ALARMA
6:00
"SE DUCHA".
"DESPUÉS VA AL TRABAJO EN COCHE".
"DESAYUNA CAFÉ Y TOSTADAS".
"EMPIEZA A TRABAJAR A LAS SIETE Y MEDIA. TRABAJA EN UN DESPACHO DE ABOGADOS".
"COME A LA UNA DE LA TARDE EN UN RESTAURANTE CERCA DE SU OFICINA".
"VUELVE A LA OFICINA A LAS DOS Y MEDIA Y TRABAJA HASTA LAS CINCO".
"LOS LUNES, MIÉRCOLES Y VIERNES VA A CLASE DE YOGA".

"LOS MARTES Y JUEVES, TIENE CLASE DE CHINO".
"POR LA NOCHE QUEDA CON SU NOVIO PARA DAR UN PASEO, CENAR...".
¿SU NOVIO?
SÍ, MERCEDES TIENE NOVIO.
¿LO CONOCE USTED?
NO, NO LO CONOZCO. PERO MERCEDES ME HABLA DE ÉL... SE LLAMA DANIEL. ES INGLÉS.
¿CÓMO SE APELLIDA?
NO LO SÉ. SOLO SÉ SU NOMBRE.

ES MUY RARO... SOLO LA PROFESORA DE CHINO SABE QUE MERCEDES TIENE NOVIO.
ES VERDAD. ¿POR QUÉ MERCEDES NO HABLA DE SU NOVIO CON SUS AMIGOS NI CON SU FAMILIA?
NO HAY NADA EN SUS REDES SOCIALES. NO HAY FOTOS CON UN CHICO NI REFERENCIAS A UN NOVIO.
Daniel
?
¡ES UNA RELACIÓN SECRETA!
SÍ, PERO, ¿POR QUÉ?
NO LO SÉ, PERO ESE CHICO ES EL PRINCIPAL SOSPECHOSO, ¿NO CREES?
SÍ, PERO SOLO TENEMOS UN NOMBRE: DANIEL. PODEMOS INVESTIGAR A LOS INGLESES QUE VIVEN EN CIUDAD CAPITAL Y ENCONTRARLO.
SON BASTANTES, Y QUIZÁ DANIEL ES UN NOMBRE FALSO...
ES VERDAD... PERO NO TENEMOS OTRA PISTA.

VOY A BUSCAR. INGLESES, HOMBRES, EDAD ENTRE VEINTISIETE Y TREINTA Y NUEVE AÑOS...
¿CÓMO SABES SU EDAD?
NO LO SÉ, LO CALCULO POR LA EDAD DE MERCEDES.
PUEDE SER MAYOR, O MENOR. NO SABEMOS QUÉ TIPO DE HOMBRES LE GUSTA A MERCEDES.
ELLA TIENE VEINTINUEVE AÑOS. YO SOLO SIGO LAS ESTADÍSTICAS.
¡BUSCAR! ¡OH, NO!
¿QUÉ PASA?
QUINIENTOS CATORCE RESULTADOS. ¡HAY MÁS DE QUINIENTOS INGLESES DE ESA EDAD EN CIUDAD CAPITAL! Y VEINTIUNO SE LLAMAN DANIEL.
514 resultados
Daniel Hanks
Daniel Robarts
Daniel Jones
Daniel Holden
Daniel C. Clark
Daniel Doyle
Daniel D. Salinger
Daniel Lenois
Daniel Loomis
Daniel Milgrim
NECESITAMOS MÁS INFORMACIÓN. NO PODEMOS INVESTIGAR A TODOS.
COMISARÍA CENT
Ciudad Capital

1. Elige la opción correcta.

1. Carlos e Isabel investigan un caso donde...
   a. asesinan a una persona.
   b. secuestran a una persona.
   c. alguien desaparece.
2. Isabel y Carlos son dos detectives que...
   a. son amigos.
   b. se conocen en este caso.
   c. son hermanos.
3. La desaparición de Alberto es extraña porque...
   a. nadie ve cómo entra ni cómo sale.
   b. hay signos de violencia.
   c. ven cuando entra, pero no cuando sale.
4. Mercedes es...
   a. la novia de Alberto.
   b. la chica que desaparece de la misma forma que Alberto.
   c. la chica a la que asesinan.
5. Alberto y Mercedes tienen en común que...
   a. son detectives.
   b. son amigos.
   c. son novios.
6. Isabel y Carlos son dos personas...
   a. muy compatibles.
   b. muy diferentes.
   c. muy similares.

2. ¿Cuál es tu teoría? Escribe la solución que piensas que puede tener el caso respondiendo a las preguntas.

¿Alberto está vivo o muerto?

....

Si está vivo, ¿dónde está?

....

Si está muerto, ¿quién es su asesino y por qué?

....

¿Por qué desaparece Alberto?

....

¿Cómo sale Alberto de su apartamento?

....

¿Quién crees que es el asesino de Mercedes y por qué?

....

¿Cómo se relacionan los casos de Alberto y Mercedes?

....

3. **¿En esta historia hay personajes con distintas profesiones. Relaciona cada personaje con la profesión correspondiente.**

a. detective
b. portera
c. camarero
d. mecánico
e. empresaria
f. abogada
g. profesora
h. programador

4. **Elige las palabras adecuadas para describir a cada personaje.**

Alicia, la exnovia de Alberto, es morena/rubia, alta/baja, delgada/gorda; tiene el pelo largo/corto, rizado/liso y lleva/no lleva gafas.

Alberto, según la imagen suya que vemos en la historia, es moreno/rubio; delgado/gordo, tiene el pelo largo/corto, liso/rizado y lleva/no lleva gafas.

5. **Relaciona a los personajes y elige también la relación que hay entre ellos.**

A. padres
B. compañero
C. hermano
D. profesora
E. novia
F. compañeros

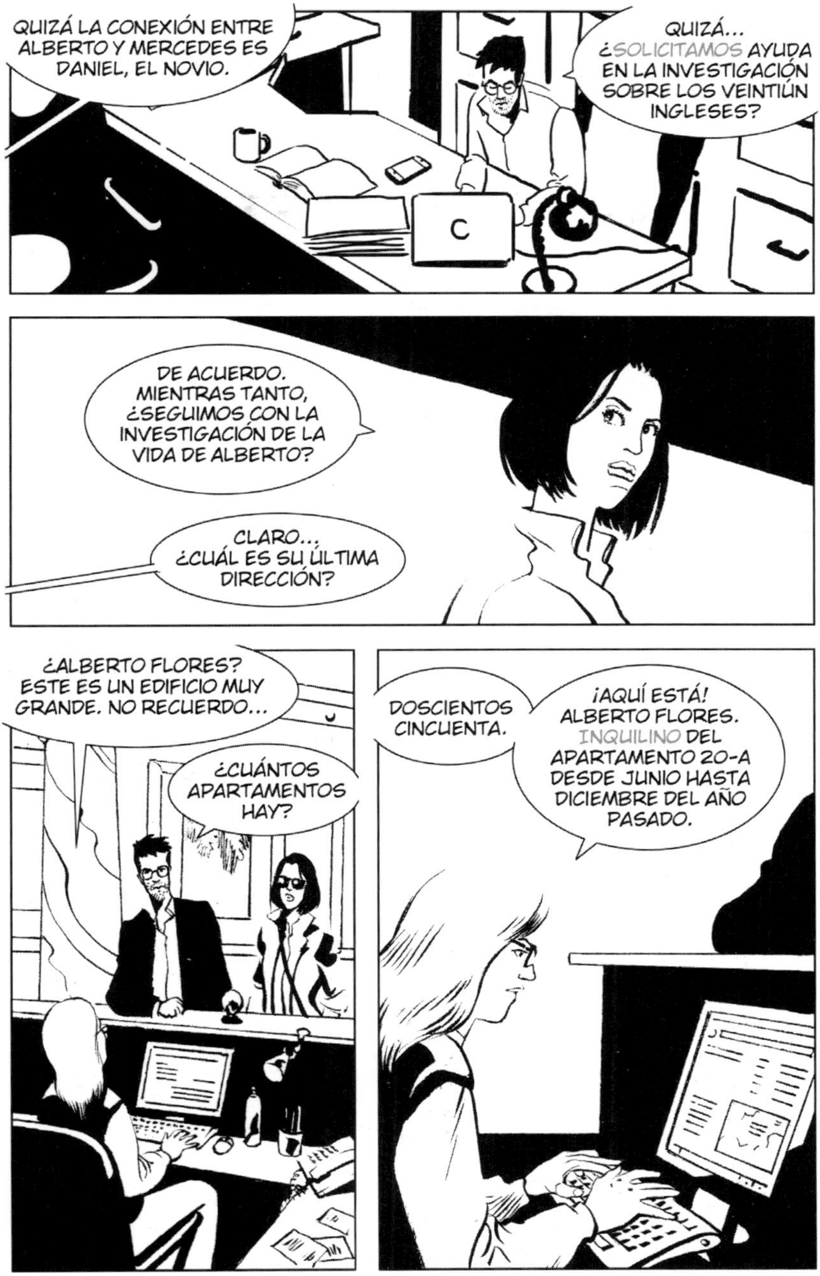
QUIZÁ LA CONEXIÓN ENTRE ALBERTO Y MERCEDES ES DANIEL, EL NOVIO.
QUIZÁ... ¿SOLICITAMOS AYUDA EN LA INVESTIGACIÓN SOBRE LOS VEINTIÚN INGLESES?
DE ACUERDO. MIENTRAS TANTO, ¿SEGUIMOS CON LA INVESTIGACIÓN DE LA VIDA DE ALBERTO?
CLARO... ¿CUÁL ES SU ÚLTIMA DIRECCIÓN?
¿ALBERTO FLORES? ESTE ES UN EDIFICIO MUY GRANDE. NO RECUERDO...
¿CUÁNTOS APARTAMENTOS HAY?
DOSCIENTOS CINCUENTA.
¡AQUÍ ESTÁ! ALBERTO FLORES. INQUILINO DEL APARTAMENTO 20-A DESDE JUNIO HASTA DICIEMBRE DEL AÑO PASADO.

¿SOLO SEIS MESES?
ESO ES NORMAL AQUÍ. LOS INQUILINOS VIENEN Y VAN.
¿PODEMOS VER EL APARTAMENTO 20-A?
EL INQUILINO ESTÁ EN CASA. PUEDO PREGUNTAR…

¿POR QUÉ QUIEREN VER EL APARTAMENTO?
TRANQUILO, NO ES POR USTED.
ES POR EL ANTERIOR INQUILINO.

LE GUSTAN LOS ORDENADORES, ¿EH?
SOY PROGRAMADOR INFORMÁTICO. TRABAJO EN CASA.
¡QUÉ SUERTE!

MIRA...
A ALBERTO LE GUSTA VER LAS VENTANAS DE OTRAS PERSONAS.
SÍ, DEFINITIVAMENTE. PERO... ¿POR QUÉ?
¿QUÉ HACEMOS AHORA?
INVESTIGAR TODAS LAS DIRECCIONES DE ALBERTO Y TODOS LOS DANIEL DE LA LISTA DE INGLESES. NO TENEMOS OTRAS PISTAS.
¡ESO ES MUY LENTO! ¡NO PODEMOS ESPERAR! HAY UN CRIMINAL EN LAS CALLES DE CIUDAD CAPITAL. PUEDE VOLVER A ASESINAR A OTRA CHICA COMO MERCEDES.

LO SÉ, PERO NO TENEMOS MÁS DATOS.
PODEMOS CONSEGUIR NUEVOS DATOS.
¿SÍ? ¿CÓMO?
TÚ PIENSAS QUE PUEDES ENCONTRAR DATOS BUSCANDO EN LOS ARCHIVOS, PERO YO...
¿NO TE GUSTA MI FORMA DE TRABAJAR?
¡NO! ES INÚTIL Y ABURRIDA.
ESTÁ CLARO QUE NO HACEMOS UN BUEN EQUIPO.
SÍ, MUY CLARO.
¡PARA EL COCHE!

HABLA CON EL COMISARIO GARCÍA.
YO TAMPOCO QUIERO SER TU COMPAÑERA.
POR SUPUESTO... PERO ANTES QUIERO RESOLVER ESTE CASO.
ESTUPENDO. A VER SI LO HACES ANTES QUE YO.
GIMNASIO
¡HOLA! ¡CUÁNTO TIEMPO!
¡ES VERDAD! NO VIENES MUCHO AL GIMNASIO, ¿EH?

SÍ, PERO NORMALMENTE VENGO POR LA NOCHE. SALGO DE TRABAJAR MUY TARDE.
¿HOY NO TRABAJAS?
TENGO LA TARDE LIBRE.
¿QUÉ TAL CON ALBERTO?
¿CON ALBERTO?
SÍ, HABLAMOS DE ALBERTO, ¿RECUERDAS? TE GUSTA, ¿NO?
NO, NO ME GUSTA. QUIEN ME GUSTA ES SU AMIGO, EL INGLÉS.
¿SU AMIGO INGLÉS? NO LO CONOZCO.
¿NO? CREO QUE SE LLAMA DANIEL.

¿VIENE A ESTE GIMNASIO?
SÍ...
PUES NO SÉ QUIÉN ES.
QUÉ PENA...
¡NADA! ES IMPOSIBLE... NO VEO CONEXIÓN CON MERCEDES...

HOLA, ¿ES TU PRIMERA CLASE?
SÍ... MI AMIGO DANIEL DICE QUE ESTÁ MUY BIEN.
Yoga
¿DANIEL? AH, SÍ, LO CONOZCO... ¿ES TU AMIGO?
SÍ, BUENO, MI EXNOVIO. AHORA ESTÁ CON OTRA CHICA, MERCEDES...
¡NO PUEDE SER!
¿POR QUÉ NO?
CREO QUE NO HABLAMOS DEL MISMO DANIEL...

¡EH, TÚ! ¿POR QUÉ DICES QUE ME CONOCES? ¿QUIÉN ERES?
¡TÚ NO ERES SU EXNOVIA!
¡ES UN ERROR! ¡LO SIENTO!
TODAS LAS DIRECCIONES DE ALBERTO TIENEN VISTAS A OTROS EDIFICIOS…
ESO DICE ALGO DE ÉL PERO… ¿QUÉ?

¿CONOCE A ESTA CHICA?
SÍ, VIENE MUCHO POR AQUÍ.
¿SÍ? ¿Y CONOCE AL CHICO QUE VIENE CON ELLA?
¿QUÉ CHICO? ELLA SIEMPRE VIENE SOLA.

BUENOS DÍAS. ¿UN CAFÉ?
SÍ, GRACIAS...
¿ALGUNA INFORMACIÓN NUEVA?
NO, NADA.
MIRA, CARLOS, TÚ Y YO TENEMOS FORMAS DISTINTAS DE TRABAJAR. NO NOS ENTENDEMOS. PERO SOMOS ADULTOS. VAMOS A RESOLVER ESTE CASO JUNTOS, ¿DE ACUERDO?

TÚ TAMPOCO TIENES NUEVAS PISTAS, ¿VERDAD?
¿DE ACUERDO?
VALE... DE ACUERDO.
UNA PERSONA QUIERE HABLAR CON USTEDES.
¿SOBRE QUÉ?
SOBRE EL CASO DE MERCEDES VALERO.
BUENO, NO PERDEMOS NADA...
HOLA, ME LLAMO DANIEL WATERFORD. SOY EL NOVIO DE MERCEDES.

ADELANTE... ¿POR QUÉ QUIERE HABLAR CON NOSOTROS?
USTEDES INVESTIGAN EL CASO DE MERCEDES, ¿NO?
SÍ...
QUIZÁ YO TENGO INFORMACIÓN QUE PUEDE SER ÚTIL. POR FAVOR, DEBEN ENCONTRAR AL ASESINO.
ESTUPENDO. QUEREMOS SABER TODO.
TODOS LOS DETALLES PUEDEN SER IMPORTANTES.
LO PRIMERO: ¿CÓMO CONOCE A MERCEDES?
POR UNA APLICACIÓN DE INTERNET. ELLA TRABAJA MUCHO, NO TIENE TIEMPO PARA SALIR.
¿Y QUÉ MÁS? NECESITAMOS SABER TODO.

"NOS CONOCEMOS POR INTERNET".
"DESPUÉS, QUEDAMOS EN UN BAR PARA CONOCERNOS EN PERSONA".
"MERCEDES ES GUAPA, INTELIGENTE, SIMPÁTICA... ME GUSTA MUCHO".
"NOS VEMOS MÁS VECES. VAMOS AL CINE...".
"VAMOS A CENAR...".
"VAMOS DE COPAS...".

"Y DESPUÉS DE UN TIEMPO, SOMOS NOVIOS".
SALIMOS JUNTOS DURANTE CUATRO MESES...
¿Y POR QUÉ MERCEDES NO HABLA DE SU RELACIÓN CON NADIE?
¿CÓMO DICE?
NOSOTROS HABLAMOS CON SU FAMILIA, SUS AMIGOS, SUS COMPAÑEROS DE TRABAJO... TODOS DICEN QUE MERCEDES NO TIENE NOVIO.
NO ENTIENDO POR QUÉ.
¿CONOCE USTED A ESTE CHICO?
NO..., ¿QUIÉN ES?
¿MERCEDES HABLA DE ALBERTO ALGUNA VEZ?

¿ALBERTO? NO, NO RECUERDO… ¿QUIÉN ES ALBERTO? ¿CREEN USTEDES QUE MERCEDES TIENE OTRO NOVIO?
TRANQUILO, NO DECIMOS ESO. SOLO ESTAMOS INVESTIGANDO.
NO SABEMOS SI MERCEDES CONOCE A ALBERTO. ES SOLO UNA PREGUNTA…
¡ES HORRIBLE! PRIMERO SU MUERTE Y AHORA ME DICEN QUE MERCEDES TIENE SECRETOS…
POR FAVOR, DANIEL, CALMA. SOLO INVESTIGAMOS, NO ESTAMOS SEGUROS DE NADA.
MUCHAS GRACIAS POR SU COLABORACIÓN.
ESTAMOS EN CONTACTO.

¡DANIEL NO ES EL ASESINO!
¿POR QUÉ MERCEDES NO HABLA DE DANIEL CON NADIE?
PORQUE NO ESTÁ SEGURA DE LA RELACIÓN.
O PORQUE TIENE OTRA RELACIÓN... ¿CON ALBERTO?
LOS HOMBRES SIEMPRE PENSÁIS QUE SI UNA CHICA NO QUIERE ESTAR CON VOSOTROS, ESTÁ CON OTRO HOMBRE... ¡QUÉ ESTÚPIDOS!

¿PERDÓN?
¿LOS HOMBRES
SOMOS
ESTÚPIDOS?
¡SÍ!
¡MUY
ESTÚPIDOS!
¡MUCHO!
¡MUCHÍSIMO!

¿QUÉ QUIERE, COMISARIO GARCÍA?
710-F
TRAIGO LOS RESULTADOS DE LA INVESTIGACIÓN SOBRE LAS VIEJAS DIRECCIONES DE ALBERTO FLORES.
¿Y QUÉ RESULTADOS SON?
¿ALGO INTERESANTE?
INTERESANTE NO... ¡INCREÍBLE!

ASESINATOS... EN TRES EDIFICIOS... CERCA DE TRES APARTAMENTOS DIFERENTES DE ALBERTO FLORES.
¿CERCA?
SÍ, TODOS LOS APARTAMENTOS DE ALBERTO TIENEN VISTAS A OTROS EDIFICIOS. POR ESO INVESTIGAMOS LOS EDIFICIOS QUE HAY CERCA...
¡QUÉ INTELIGENTE!
GRACIAS...
PERO HAY MÁS... LOS TRES ASESINATOS ESTÁN SIN RESOLVER. NO SABEMOS QUIÉN ES EL ASESINO.
¿HAY INFORMACIÓN SOBRE LAS CÁMARAS DE SEGURIDAD?
NO, NO HAY CÁMARAS EN ESTOS EDIFICIOS.
David Flores
Alberto Flores

AQUÍ TIENEN TODA LA INFORMACIÓN. ¡BUENA SUERTE!
¡QUÉ INTERESANTE!
¡EN UNO DE LOS CASOS NO SABEN CÓMO EL ASESINO PUEDE ENTRAR EN EL APARTAMENTO! ¡IGUAL QUE EN EL CASO DE ALBERTO Y MERCEDES!
GRACIAS... YO PUEDO INVESTIGAR SOLO TODOS LOS CASOS...

SU MANO ESTÁ BIEN AHORA.
MECÁN
ECANIC
¿PERO ADÓNDE VA?

BASE
DAVID PRACTICA ESCALADA. ¿Y SI ALBERTO...?
HOLA, ¿NECESITAS AYUDA?
SÍ, QUIERO APRENDER A ESCALAR.

¿ESTÁS BIEN?
SÍ, SÍ, TRANQUILO.
APRENDES DEPRISA.
MUCHAS GRACIAS...

¿QUIERES COMPRAR TODO EL EQUIPO?
SÍ, CLARO...
SI ERES MIEMBRO DEL CLUB, TIENES UN DESCUENTO.
PERFECTO... QUIERO SER MIEMBRO.
¿TU NOMBRE, POR FAVOR?
ISABEL FLORES...
¿FLORES? ¿ERES FAMILIA DE DAVID?
SÍ, Y TAMBIÉN DE ALBERTO...
ALBERTO NO VIENE HACE TIEMPO, ¿ESTÁ BIEN?
NO SÉ, HACE TIEMPO QUE NO HABLO CON ÉL.
¿ALBERTO TAMBIÉN ESCALA?

ALBERTO ES UN CHICO MUY DEPORTISTA.
A VECES VIAJA...
SÍ, A LAS MONTAÑAS.
SÍ... ALBERTO TIENE UN SECRETO. NO SÉ CUÁL ES, PERO NO QUIERO UN NOVIO CON SECRETOS.
¿NO NECESITA TRABAJAR?
ESO DICE.
CREO QUE YA TENGO LA SOLUCIÓN AL CASO.
SOLO DEBO COMPROBAR ALGO...

¡SÍ!
¡ES POSIBLE ESCALAR DESDE EL APARTAMENTO DE ALBERTO HASTA EL DE MERCEDES! ¡ALBERTO ES EL ASESINO DE MERCEDES!
¡BRAVO!

FELICIDADES. CASI CAES Y MUERES AL ESCALAR LAS PAREDES DE LOS EDIFICIOS... PERO EL CASO ESTÁ RESUELTO.
!
ALBERTO ES EL ASESINO DE MERCEDES.
SÍ.
EN TODOS LOS CASOS DE SUS VIEJAS DIRECCIONES ES IGUAL...
"ALBERTO MIRA A SUS VECINOS CON LOS PRISMÁTICOS".
"DESCUBRE A UN VECINO QUE TIENE ALGO CARO EN CASA: DINERO, JOYAS...".
"EN EL CASO DE MERCEDES, EL COLLAR DE SU ABUELA".

"SABE ESCALAR Y BUSCA LA FORMA DE LLEGAR A CASA DE SUS VECINOS."
"ENTRA POR LA VENTANA Y ROBA".
"LUEGO VUELVE A SU CASA ESCALANDO".
"SI SUS VÍCTIMAS ESTÁN EN CASA, LAS ASESINA".
"SI ASESINA A ALGUIEN, CAMBIA DE DIRECCIÓN PARA NO TENER PROBLEMAS".
¿CREES QUE AHORA ESTÁ EN OTRO LUGAR? ¿OTRA CIUDAD QUIZÁ?
NO, TENGO OTRA TEORÍA... VAMOS A LA AZOTEA.

¡ESPERA! ¡MIRA ALLÍ!
"¿PUEDES ACERCAR LA IMAGEN?"

ALBERTO CAE CUANDO VUELVE A SU APARTAMENTO, ESCALANDO POR LOS TEJADOS Y PAREDES. EL LUGAR ES UN RINCÓN ENTRE DOS EDIFICIOS. POR ESO NADIE VE SU CUERPO.
COMISARÍA CENTRAL
Ciudad Capital

¡CASO RESUELTO! ¡FELICIDADES!
MUCHAS GRACIAS, COMISARIO.
¡SON USTEDES UN GRAN EQUIPO!
NO, COMISARIO, NO SOMOS UN GRAN EQUIPO.
NO... ISABEL ES UNA GRAN DETECTIVE.
Y CARLOS TAMBIÉN ES MUY BUENO...

PERO NO PODEMOS TRABAJAR JUNTOS. NO SABEMOS...
Y NO QUEREMOS SER COMPAÑEROS.
¿CÓMO? ¿POR QUÉ?
SOMOS INCOMPATIBLES...

ESTE ES EL PRIMER Y ÚLTIMO CASO DE CARLOS MORALES E ISABEL MUÑOZ.
¡TOTALMENTE DE ACUERDO!
CLARO, CLARO...
CALIMAN
Fin

1. Lee tus respuestas en el ejercicio 2 de *Párate un momento*. ¿Son correctas? Si no lo son, escribe las correctas.

¿Alberto está vivo o muerto?

....

Si está vivo, ¿dónde está?

....

Si está muerto, ¿quién es su asesino y por qué?

....

¿Por qué desaparece Alberto?

....

¿Cómo sale Alberto de su apartamento?

....

¿Quién crees que es el asesino de Mercedes y por qué?

....

¿Cómo se relacionan los casos de Alberto y Mercedes?

....

2. Indica si estas frases sobre la historia son verdaderas (V) o falsas (F).

	V	F
1. Mercedes estudia inglés.		
2. Mercedes tiene un novio chino.		
3. Alberto y Mercedes son novios.		
4. Alberto es el asesino de Mercedes.		
5. Mercedes es la asesina de Alberto.		
6. A Isabel le gustan los deportes.		
7. A Carlos le gusta la meditación.		
8. Finalmente, Carlos e Isabel se hacen amigos.		

3. En la historia aparecen diferentes lugares de Ciudad Capital. Relaciona cada lugar con la imagen correspondiente.

comisaría | bar | taller mecánico | gimnasio | oficina | restaurante | centro de yoga | rocódromo

1 ……………

2 ……………

3 ……………

4 ……………

5 ……………

6 ……………

7 ……………

8 ……………

4. Escribe lo que hace Alberto un día normal.

……………

……………

5. Escribe lo que hace Mercedes un día normal.

……………

……………

6. ¿Qué haces tú en un día normal?

Por la mañana ……………

……………

Por la tarde ……………

……………

Por la noche ……………

……………

7. **Completa las formas correctas de los verbos.**

	Ir	Levantarse	Hacer	Salir
yo	....	....	....	....
tú	....	....	....	....
él/ella, usted	....	....	....	....
nosotros/as	....	....	....	....
vosotros/as	....	....	....	....
ellos, ellas/ustedes	....	....	....	....

	Empezar	Volver	Seguir	Tener
yo	....	....	....	....
tú	....	....	....	....
él/ella, usted	....	....	....	....
nosotros/as	....	....	....	....
vosotros/as	....	....	....	....
ellos, ellas/ustedes	....	....	....	....

	Ducharse	Jugar	Limpiar	Comer
yo	....	....	....	....
tú	....	....	....	....
él/ella, usted	....	....	....	....
nosotros/as	....	....	....	....
vosotros/as	....	....	....	....
ellos, ellas/ustedes	....	....	....	....

8. **En la rutina diaria de Alberto hay una frase: “Por las mañanas se queda en casa”. En la rutina diaria de Mercedes hay otra frase: “Por la noche queda con su novio para dar un paseo, cenar” ¿Significan lo mismo *quedar* y *quedarse*? ¿Puedes explicar cuál es la diferencia?**

....

....

....

....

....

....

....

PREPÁRATE

1. Carlos: trabajador, inteligente, serio, antipático. Isabel: inteligente, desordenada, ruidosa, loca.
2. a) ventana, b) dormitorio, c) salón, d) puerta, e) escalera, f) cocina, g) cuarto de baño.

PÁRATE UN MOMENTO

1. 1.c, 2.b, 3.c, 4.c, 5.a, 6.b.
2. Respuesta libre.
3. 1.c, 2.e, 3.a, 4.g, 5.b, 6.h, 7.f, 8.d.
4. Alicia es... rubia, baja, delgada, pelo largo y rizado, lleva gafas. Alberto es... moreno, delgado, pelo corto y liso, no lleva gafas.
5. 1. ALBERTO: 1.C, 4.E, 6.B.

   2. MERCEDES: 2.A, 3.F, 5.D.

PONTE A PRUEBA

1. Respuesta libre.
2. 1.F; 2.F; 3.F; 4.V; 5.F; 6.V; 7.V; 8.F.
3. 1. taller mecánico; 2. oficina; 3. centro de yoga; 4. bar; 5. comisaría; 6. gimnasio; 7. rocódromo; 8. restaurante.
4. Respuesta libre.
5. Respuesta libre.
6. Respuesta libre.

7.

	Ir	Levantarse	Hacer	Salir
yo	voy	me levanto	hago	salgo
tú	vas	te levantas	haces	sales
él/ella, usted	va	se levanta	hace	sale
nosotros/as	vamos	nos levantamos	hacemos	salimos
vosotros/as	vais	os levantáis	hacéis	salís
ellos, ellas/ustedes	van	se levantan	hacen	salen

	Empezar	Volver	Seguir	Tener
yo	empiezo	vuelvo	sigo	tengo
tú	empiezas	vuelves	sigues	tienes
él/ella, usted	empieza	vuelve	sigue	tiene
nosotros/as	empezamos	volvemos	seguimos	tenemos
vosotros/as	empezáis	volvéis	seguís	tenéis
ellos, ellas/ustedes	empiezan	vuelven	siguen	tienen

	Ducharse	Jugar	Limpiar	Comer
yo	me ducho	juego	limpio	como
tú	te duchas	juegas	limpias	comes
él/ella, usted	se ducha	juega	limpia	come
nosotros/as	nos duchamos	jugamos	limpiamos	comemos
vosotros/as	os ducháis	jugáis	limpiáis	coméis
ellos, ellas/ustedes	se duchan	juegan	limpian	comen

8. Algunos verbos cambian de significado cuando llevan los pronombres: *me*, *te*, *se*, *nos*, *os*, *se*. Un ejemplo es *quedar*. "Quedar" con una persona es hacer planes para ver a esa persona en un lugar y a una hora. "Quedarse" es no moverse, permanecer en un lugar.

Español	Inglés	Francés
¡Alto!	Freeze!	Halte-là!
¡Buena suerte!	Good luck!	Bonne chance!
Accidente	Accident	Accident
Adelante	Go ahead	Allez-y
Adulto/a	Adult	Adulte
Antiguo/a	Old	Ancien/Ancienne
Archivo	File	Fichier
Asesinar	To murder	Assassiner
Asesino/a	Murderer	Assassin/Assassine
Autopsia	Autopsy	Autopsie
Azotea	Rooftop	Toit
Caer	To fall down	Tomber
Caerse	To fall down	Tomber
Caja fuerte	Safe	Coffre-fort
Calcular	To calculate	Calculer
Calma	Calm	Calme
Champán	Champagne	Champagne
Coincidencia	Coincidence	Coïncidence
Collar	Necklace	Collier
Comisaría	Police station	Poste de police
Complicarse	To get complicated	Se compliquer
Comprobar	To check	Vérifier
Conectar	To link	Lier
Conflictivo/a	Controversial	Problématique
Criminal	Criminal	Criminel/Criminelle
¡Cuánto tiempo!	How long!	Combien de temps!
Cuerda	Rope	Corde
Datos	Data	Données
Declarar	To declare	Déclarer
Definitivamente	Definitely	Définitivement
Demostrar	To prove	Prouver
Desaparecido/a	Disappeared	Disparu/Disparue
Descuento	Discount	Réduction
Despacho	Office	Bureau
Detalle	Detail	Détail
Detective	Detective	Détective
Detenido/a	Arrested	Détenu/Détenue
Empresario/a	Entrepreneur	Entrepreneur/Entrepreneuse
Equipo	Team	Équipe
Escalada	Climbing	Escalade
Escalar	To climb	Escalader
Esmeralda	Emerald	Émeraude
Espacio	Room	Place
Espiar	To spy	Espionner
Estadísticas	Statistics	Statistiques
Estupendo/a	Great	Formidable
Estúpido/a	Stupid	Stupide
Evidencia	Evidence	Preuve
Exnovio/a	Ex-boyfriend/girlfriend	Ex petit/e ami/e
Extraño/a	Strange	Étrange
Fuera de lo común	Out of the ordinary	Hors du commun
Gracioso/a	Funny	Drôle

Español	Inglés	Francés
Herencia	Inheritance	Héritage
Historial	Record	Dossier
Incompatible	Incompatible	Incompatible
Informe	Report	Rapport
Inquilino/a	Tenant	Locataire
Íntimo/a	Intimate	Intime
Intruso/a	Intruder	Intrus/Intruse
Investigar	To investigate	Enquêter
Joya	Jewel	Bijou
Justo	Just	Juste
Llaves	Keys	Clés
Loco/a	Crazy	Fou/Folle
Mecánico/a	Mechanic	Mécanicien/Mécanicienne
Meditar	To meditate	Méditer
Método	Method	Méthode
Miembro	Member	Membre
Misterio	Mystery	Mystère
Muerte	Death	Mort
¿Nada más?	Nothing else?	Rien de plus?
Novedad	New	Nouveauté
Nunca más	Never again	Jamais plus
Obligado/a	Obliged	Obligé/Obligée
Parecer	To seem	Sembler
Perla	Pearl	Perle
Pista	Clue	Indice
Portero/a	Concierge	Concierge
Prismáticos	Binoculars	Jumelles
Privado/a	Private	Privé/Privée
Qué pena	What a pity	Quel dommage
Quizá	Maybe	Peut-être
Raro/a	Rare	Rare
Recomendar	To recommend	Recommander
Redes sociales	Social media	Réseaux sociaux
Referencia	Reference	Référence
Resolver	To solve	Résoudre
Ridículo/a	Ridiculous	Ridicule
Rincón	Corner	Coin
Salir juntos	To date someone	Sortir avec quelqu'un
Secreto	Secret	Secret
Seguridad	Security	Sécurité
Sentimental	Sentimental	Sentimental/Sentimentale
Sitio	Place	Place
Solicitar	To request	Demander
Soltero/a	Single	Célibataire
Sorprendido/a	Surprised	Surpris/Surprise
Sospechoso/a	Suspect	Suspect/Suspecte
Técnica	Technique	Technique
Testigo	Witness	Témoin
Valioso/a	Valuable	De valeur
Víctima	Victim	Victime
Vistas	Views	Vues